GUILLAUME DE LASTEYRIE

GUILLAUME DE LASTEYRIE

GUILLAUME DE LASTEYRIE

ALLOCUTION

PRONONCÉE A L'OCCASION DU SERVICE FUNÈBRE

CÉLÉBRÉ EN LA CHAPELLE D'ARCUEIL

LE 19 OCTOBRE 1865,

PAR

LE R. P. CAPTIER

Prieur de l'École Albert-le-Grand.

PARIS

IMPRIMERIE DE AD. LAINÉ ET J. HAVARD,

Rue des Saints-Pères, 19.

1865

Guillaume-Ferdinand-Eugène de LASTEYRIE DU SAILLANT, né à Paris, le 4 mai 1851, était entré, au mois de janvier 1865, à l'école Albert-le-Grand, d'Arcueil. Atteint, peu de mois après, d'une fièvre muqueuse, il semblait que sa forte constitution eût triomphé de la maladie, lorsqu'au commencement d'août se déclara tout à coup une rechute accompagnée de graves complications qui devaient déjouer tous les efforts de la science. Guillaume de Lasteyrie expirait le 17 septembre 1865, après six semaines de souffrances et d'angoisses, pendant lesquelles le R. P. Captier, prieur de la maison d'Arcueil, n'avait cessé de lui prodiguer les consolations, les encouragements de la religion, et les soins les plus touchants. Un mois plus tard, le 19 octobre, un service à la mémoire de ce cher enfant était célébré dans la chapelle de l'école Albert-le-Grand, en présence de tous les élèves réunis. A cette occasion, le R. P. Captier voulut bien prononcer les belles et touchantes paroles qu'on va lire. La famille de Guillaume de Lasteyrie les a pieusement recueillies comme un précieux témoignage à l'honneur de celui qu'elle pleure, comme une dernière consolation pour elle-même.

MES CHERS ENFANTS,

Pourquoi la mort s'est-elle ainsi hâtée de choisir parmi vous une première victime? Pourquoi nous a-t-elle enlevé cet enfant si tendrement aimé et si riche d'espérances? Sans doute, chers amis, cette âme qui nous a tous si vivement attachés, plaisait à Dieu, et Dieu l'a attirée à lui dans le lieu des vivants, pour la posséder toujours et jouir de la beauté que lui-même a mise en elle. Aussi donc mêlons à nos prières et à nos regrets un sentiment de pieuse adoration envers l'auteur de tout bien.

Mais si Dieu nous a ainsi frappés, il a dû, à côté du malheur, placer un enseignement salutaire. Pour nous chrétiens, le sacrifice est toujours la préparation de quelque grâce nouvelle et le gage de quelque bienfait. Je voudrais maîtriser la douleur qui m'oppresse et pouvoir vous dire quelles pensées réveille en moi le souvenir des derniers moments et de la mort de Guillaume de Lasteyrie.

Cet enfant bien-aimé est mort le 17 septembre dernier, pendant vos aimables joies des vacances. Il est mort après un bien court séjour parmi nous. Je me rappelle encore, comme si j'y étais à présent, le moment où il me fut amené par un prêtre et religieux que je vénère. Ce véritable ami de Guillaume me l'avait présenté de la manière la plus chrétienne : il avait voulu d'abord me déclarer les défauts de son jeune client, mais il avait mis tant de vérité et de charité dans son accusation que j'avais dès lors compris l'exceptionnelle générosité de mon nouvel enfant. Guillaume devait à son tour me rendre témoignage de ses dispositions, et il y a là une scène que je ne saurais dépeindre. Quand il s'est jeté dans mes bras, quand mon regard a lu dans le sien, j'ai senti comme un secret de Dieu, et j'ai compris que la venue de cet élève portait en elle je ne sais quel cachet providentiel. Le pauvre cher enfant, en ce moment je croyais le préparer à une carrière, et je ne le préparais qu'à mourir, car il avait dit dans son cœur : *Placebo Domino in regione vivorum !*

Guillaume de Lasteyrie, avec ses défauts, ses exubérances, ses aspirations élevées, m'apparaît comme un modèle éloquent que je puis proposer à votre imitation. Victime charmante, il avait pour mission de nous saisir, de nous attacher, et d'emporter dans le sein de Dieu nos cœurs liés au sien. Rien en effet, mes enfants, ne vivifie une œuvre ou une famille comme ces sacrifices douloureux après lesquels nous pouvons dire que cette œuvre, que cette famille a ses représentants auprès de Dieu. L'idée d'une tombe chrétienne nous rappelle volontiers celle d'un ange protecteur, d'un ambassadeur au ciel ; quand, dans nos luttes contre les maux de la vie, le souvenir de nos morts nous vient à l'esprit, c'est un réveil de la foi, un rayon de lumière, une douce espérance, un appel d'en haut.

Je vous disais que Guillaume de Lasteyrie est un modèle à imiter, je n'en rétracte rien : il me semble que ses travers eux-mêmes forti-

***

fient ma pensée plus qu'ils ne la contrarient. Si cet enfant prédestiné avait ignoré vos luttes, si dès ses premières années il avait revêtu une sagesse tranquille et égale, vous l'aimeriez, vous le loueriez, mais vous ne sentiriez pas assez qu'il est l'un de vous, et que vous pouvez faire ce qu'il a fait. Rien ne séduit, rien ne plaît comme le naturel, et cet enfant prime-sautier, bouillant, toujours nouveau et toujours lui-même, cet enfant avide d'aimer, avide de voir, de tenter, de jouir, cet enfant est le vrai type de ceux que nous avons la mission d'élever.

J'ai aimé dans votre jeune ami trois qualités qui me paraissent être les grandes lignes de son caractère : la sincérité, la générosité et la piété.

Notre petit Guillaume était profondément sincère. Non-seulement il portait au front sa pensée tout entière, et il se montrait ce qu'il était ; mais, chose plus rare dans un enfant d'imagination vive, il avait horreur de tout ce qui est factice ou trompeur. Les illusions naissaient à chaque heure dans son âme con-

fiante, mais elles ne pouvaient pas s'y en-
raciner, elles périssaient promptement au
contact d'un admirable bon sens. Ce goût du
vrai lui donnait une gravité de pensée que
bien peu parmi vous ont soupçonnée. Souvent
il venait s'asseoir auprès de ma table de tra-
vail pour me poser les questions les plus sé-
rieuses sur Dieu, sur l'avenir des sociétés, sur
les mystères chrétiens, sur tout ce qui pas-
sionne notre âge mûr. Sans l'humeur rieuse
de ce philosophe de quatorze ans, j'aurais
cru que, pressentant sa fin prochaine, il ne
voulait rester étranger à rien de ce qui ac-
croît la générosité du cœur. Pressentiment ou
jet naturel d'une âme richement douée, ces
besoins et ces aspirations de l'intelligence res-
tent toujours un exemple édifiant pour vous.

Guillaume, avec de telles préoccupations, ne
pouvait s'enfermer dans une vie égoïste et
personnelle. Il y avait dans son cœur un
abîme à combler ; tous les sentiments élevés
y trouvaient leur place, les plus tendres affec-
tions de famille, un pieux entraînement vers
ses maîtres, des amitiés pures et ardentes,

des plans, des rêves, des projets de dévouement. Pressé de vivre, pressé de nous attacher tous à sa trop fragile existence, il semblait parfois prodiguer et gaspiller son cœur. Nous voyions avec indulgence ces innocents excès d'un cœur inexpérimenté, et nous aimions Guillaume jusque dans ses étourderies, où se trahissait toujours la générosité de sa nature.

Vous ne comprendrez peut-être jamais les sentiments qu'éveillent en moi ces souvenirs délicieux. Prêtre de Jésus-Christ, j'aime ceux que mon maître a aimés, c'est-à-dire les pauvres, et la vocation qui me retient au milieu des enfants riches m'impose parfois un douloureux sacrifice de mes goûts les plus chers. La richesse, mes chers amis, détourne beaucoup d'âmes ; elle fait naître l'égoïsme, le fol amour du plaisir, la stérilité de l'esprit, et pour vous aimer j'ai besoin de penser que vous serez généreux, dévoués, amis des pauvres, amis de ce peuple souffrant que Jésus aimait. Eh bien ! le cher et tendre enfant que je pleure avait ces sentiments généreux, et c'est pourquoi, je vous le répète, il est vrai-

ment un modèle dont vous devez garder reli-
gieusement le souvenir.

Sa piété présentait un caractère à part; il
avait l'esprit naturellement frondeur et indé-
pendant, et un secret instinct l'écartait de
toute pratique religieuse incomprise. Mais en
même temps sa droiture et son ardeur lui fai-
saient un besoin de traduire par des signes visi-
bles tous ses sentiments secrets : de là un singulier mélange, de là peut-être aussi des défian-
ces et des jugements sévères dont notre jeune
ami avait à souffrir. Sa dernière maladie nous
a montré qu'une âme sincère et généreuse est
vite amenée à la plus naïve piété. Que n'avez-
vous été témoins des joies expansives de notre
bon petit malade chaque fois qu'un signe de
la grâce lui était accordé! Une absolution
reçue, c'était une fête à laquelle son entourage
devait prendre part. Un jour il nous deman-
dait avec transport la faveur de porter le sca-
pulaire; un autre jour il triomphait de rouler
dans ses doigts un chapelet bénit; souvent je
voyais sous son oreiller, puis dans ses mains,
puis sur ses lèvres un gros crucifix et reliquaire

qui est maintenant deux fois cher à sa mère. C'est encore un petit crucifix qu'il m'offrait en souvenir, et que je portais dès lors sur ma poitrine pour l'en tirer devant lui.

Cette piété de plus en plus expressive inspirait à Guillaume des efforts surprenants. Toujours enfant, toujours prompt et singulier dans ses premiers désirs, il supportait avec la gaieté la plus amusante et les souffrances du corps et les sacrifices de la volonté. La nature se révoltait sans cesse contre les amertumes de la maladie, et sans cesse la conscience si droite de l'enfant remportait des victoires. Aujourd'hui ces victoires brillent comme des émaux sur la couronne que les anges ont donnée à notre petit ami.

Vint enfin l'heure du sacrement de l'Extrême-Onction. J'étais alors en voyage, et pourtant je crois voir cette scène. Votre jeune camarade était recueilli, pénétré, calme et fort; sa famille, assemblée et à genoux, se sentait merveilleusement soutenue contre les excès de la douleur par le plus attendrissant spectacle. Quand Guillaume, désormais consacré pour la mort, se retrouva seul avec sa mère, son grand souci fut de se faire expliquer une à une les augustes cérémonies dont il craignait de n'avoir pas assez compris le sens. Et, quelques jours plus tard, quand je pus revenir auprès de lui, il me demanda en suppliant si donc je ne pourrais pas à mon tour lui donner cette religieuse et dernière onction. Sa science était en défaut, mais son cœur veillait et priait !

La mort, mes enfants, ne prit qu'avec respect le corps où avait résidé cette âme charmante. L'agonie fut douloureuse, mais voilée et courte. Quand nous vîmes notre enfant livré aux agitations des dernières luttes, nous nous mîmes à prier à haute voix pour sa délivrance. Il le comprit et se recueillit; quelques larmes qui gonflèrent ses yeux furent recueillies par son père; et pendant que nous parlions à Dieu l'âme s'enleva sans effort, emportant sans doute elle-même les paroles que nous adressions au ciel.

Ah ! chers enfants, qu'il était beau après sa mort, celui que nous pleurons ! Avec quel culte pieux sa mère et moi nous l'avons paré pour le repos de la tombe ! C'est moi qui, au nom de sa seconde famille d'Arcueil, lui ai fermé les yeux et les lèvres, puis lui ai entrelacé les mains autour du crucifix et du rosaire.

J'étais abîmé de douleur et ravi d'admiration, et aujourd'hui il me semble que cette douleur et cette admiration ont encore grandi. Mais silence ! je ne dois point retracer mes tristesses; car je pense à cette admirable famille si cruellement frappée avec nous, et ma douleur me fait entrevoir la douleur plus inexprimable encore d'un père et d'une mère !

O mon Dieu! j'ai toujours ouï dire, et dans mon cœur j'ai toujours cru, que votre main bienfaisante mêle les bénédictions aux épreuves et les grandes grâces aux sacrifices. Voyez, ô mon Dieu! les douleurs de cette famille et les nôtres, agréez l'offrande que nous vous faisons en pleurant, bénissez et fortifiez les parents, les maîtres et les amis de celui qui vous a plu, de celui que vous avez appelé dans la région des vivants : *Placebo Domino in regione vivorum.*

FIN.

Paris. — Imprimerie de A. Lainé et J. Havard, r. des Sts-Pères

Paris. — Imprimerie de A. Lainé et J. Havard, r. des Sts-Pèr

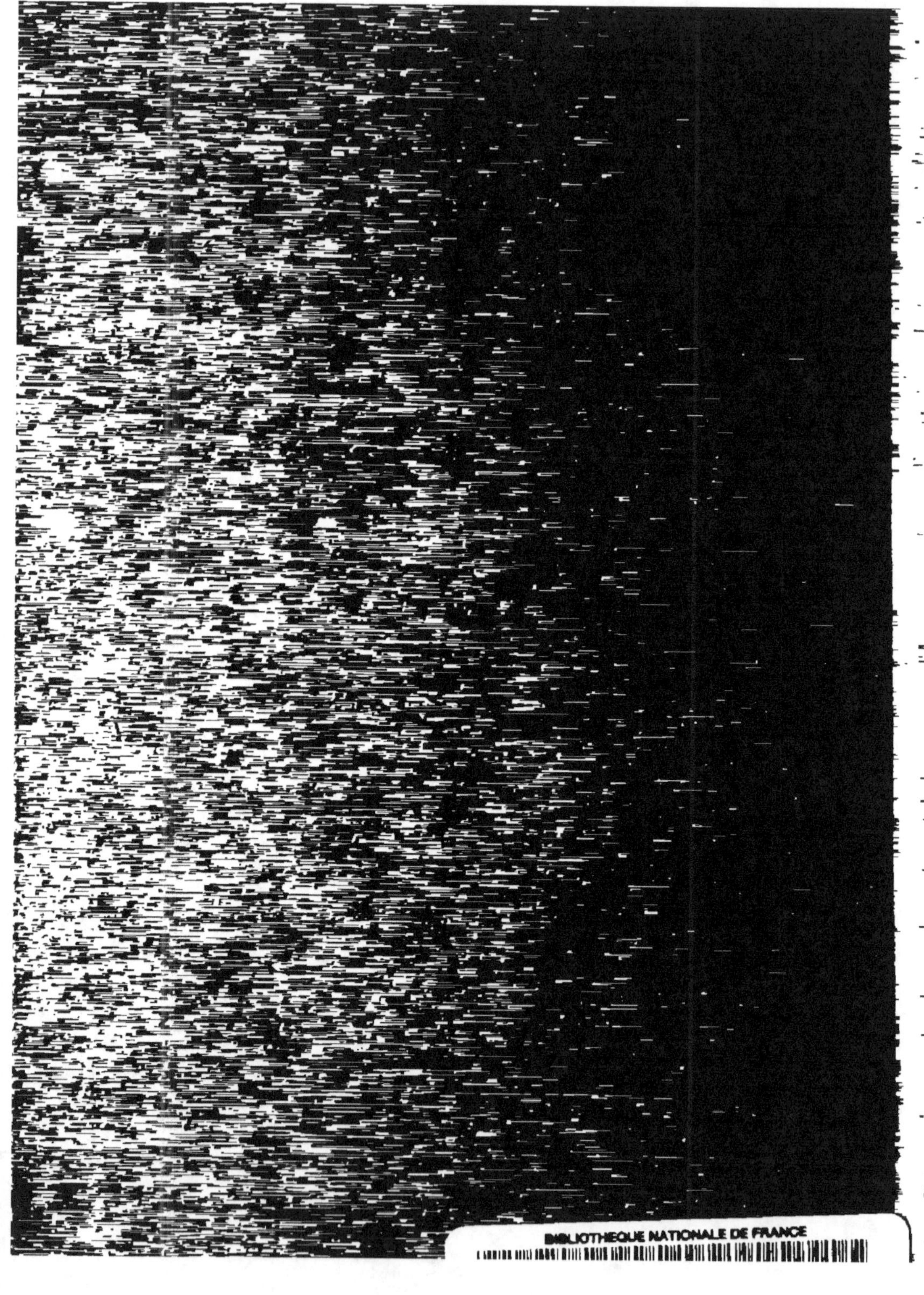